새 신자를 위한 고해성사 길잡이

새 신자를 위한
고해성사 길잡이

• 이 책은 「신부님, 어떻게 할까요? - 고해성사 편」의 개정판입니다.

초판 발행일 2010. 1. 20
2판 2쇄 2023. 2. 15

엮은이 성바오로 출판부
펴낸이 서영주
총편집 황인수
편집 손옥희, 김정희 **디자인** 김안순 **그림** 성바오로딸수도회
제작 김안순 **마케팅** 서영주 **인쇄** 세진디피에스

펴낸곳 성바오로
출판등록 7-93호 1992. 10. 6
주소 서울특별시 강북구 오현로7길 20(미아동)
취급처 성바오로보급소 **전화** 944-8300, 986-1361
팩스 986-1365 **통신판매** 945-2972
E-mail bookclub@paolo.net
인터넷 서점 www.**paolo**.kr
www.facebook.com/**stpaulskr**

값 6,000원
ISBN 978-89-8015-920-8
교회인가 2009. 1. 3 **SSP** 1071

ⓒ 성바오로 출판부, 2019

이 도서의 국립중앙도서관 출판예정도서목록(CIP)은 서지정보유통지원시스템 홈페이지(http://seoji.nl.go.kr)와 국가자료종합목록 구축시스템(http://kolis-net.nl.go.kr)에서 이용하실 수 있습니다. (CIP제어번호 : CIP2019043376)

이 책은 저작권법의 보호를 받으므로 무단전재와 무단복제를 금합니다.
이 책 내용의 전부 또는 일부를 재사용하려면 반드시 저작권자와 성바오로출판사의 동의를 얻어야 합니다.

새 신자를 위한

성바오로 출판부 엮음

고해 성사 길잡이

차례

매일의 죄, 매일의 용서   6

고해성사   12
    고해성사 5단계
    십계명
    고해성사 보기

반복되는 죄 _자신의 나약함을 고백하다   28

고해성사 질문과 답 34

고백은 어느 정도 자세히 해야 하나 / 고해성사는 얼마나 자주 보아야 하나 / 아는 사제에게 고해성사를 보는 어려움 / 실제로 범하지 않은 죄 / 반복하는 죄 / 혼인 장애의 경우 / 화해와 용서 / 기억나지 않는 죄 / 고해성사의 두려움 / 오랜 냉담 후에 성사를 볼 때 / 비신자의 고해성사 / 죄와 잘못 / 고해성사 후에도 남아 있는 죄책감 / 고해성사의 규정과 형식 / 사제를 통한 죄의 용서와 고해의 비밀 준수

숨어 있는 죄를 고백하다 76

매일의 적, 매일의 용서

"우리가 죄 없다고 말한다면, 우리는 자신을 속이는 것이고 우리 안에 진리가 없는 것입니다."(1요한 1,8)

물론 우리는 세례를 받았습니다. 그러나 늘 빚을 진 죄인으로 남아 있습니다. 세례가 씻어 없애지 못하는 죄가 우리 안에 남아 있어서가 아니라, 살아가면서 매일 용서받아야만 하는 죄를 범하기 때문입니다. 그것은 인간의 나약함 때문입니다. 매일 우리를 더럽히는 죄들은 우리가 탄 배를 난파難破시킬 정도의 무거운 죄는 아니지만 한시바삐 배 밑바닥의 물을 퍼 올려 씻어 내야 합니다. 그러지 않으면 점점 물이 차서 결국 배 전체를 가라앉게 해 버릴 수도 있기 때문입니다.

"저희에게 잘못한 이를 저희가 용서하오니 저희 죄를 용서하소서." 이 말로 기도하는 것은 배 밑바닥에 고이기

시작한 물을 서둘러 퍼내는 것과 같습니다. 그러나 그저 기도만 해서는 안 됩니다. 자선을 베풀어야 합니다. 배가 가라앉지 않도록 배 밑바닥의 물을 퍼낼 때 우리는 말뿐 아니라 손도 사용합니다.

"우리에게 잘못한 이를 우리가 용서하오니 우리 죄를 용서하소서."라고 말할 때 우리는 말을 하면서 행동에 옮깁니다. "네 양식을 굶주린 이와 함께 나누고 가련하게 떠도는 이들을 네 집에 맞아들이는 것"(이사 58,7) "네가 자선을 베풀 때에는 오른손이 하는 일을 왼손이 모르게 하여라."(마태 6,3) 성경에서 말하는 이러한 사랑을 실천할 때 움직이는 것은 우리의 손입니다.

세례를 통해 다시 태어난 뒤라도 주님의 기도에 담겨 있는 매일의 정화가 없다면 우리는 다시 크나큰 근심에 싸이게 될 것입니다. 제대에서 우리를 떼어놓고 성찬의 친교에서 멀어지게 하는 무거운 죄들을 경각심 없이 대한다면 우리는 매일 죄에 빠지게 될 것입니다.

보아서는 안 될 것을 기꺼이 보는 사람은 죄를 짓습니다. 이 말에 대해 항변할 수 있겠지요. 빠르게 돌아가는 눈을 누가 막을 수 있단 말인가? 귀나 눈을 누가 제어할 수 있을 것인가? 그러나 원한다면 할 수 있습니다. 당신이 진정으로 원하기만 한다면.

  손은 어떤 나쁜 행동도 하지 않게 하고 발도 악을 행하려고 서두르지 않게 하십시오. 눈은 음란한 것에 끌리지 않도록 주의하며 귀 또한 수치스러운 말을 듣지 않게 하고 혀도 부끄러운 이야기를 하지 않도록 해야 합니다. 아마 이렇게 말할 수도 있겠지요. 그럼 생각은? 누가 생각을 제어할 수 있단 말인가? 형제들이여, 기도할 때 우리 생각은 이리저리 헤매 다닙니다. 하느님 앞에 있음을 잊어버립니다. 아니 더 나아가 때로는 그분 앞에 엎드려 있으면서도 그 사실을 잊어버립니다.

  보십시오, 죄 지을 기회가 얼마나 많습니까! 이 모든 죄를 한데 모아 우리 앞에 놓아둔다고 할 때 그것이 작다 해서 아무 문제가 아닌 게 될까요? 무거운 납덩어리로 당신을 누르는 것과 모래로 누르는 것이 무슨 차이가 있을까요? 납은 큰 덩어리로 되어 있으나 모래는 수많은 작은 알갱이로 되어 있습니다. 하지만 한데 모이면 큰 분량으로 당신을 내리 누를 것입니다. 그것은 가벼운 죄들입니다. 그렇습니다. 그러나 수많은 작은 물방울들이 큰 강을 채우고 큰 들판을 휩쓸어 버리는 것이 보이지 않습니까? 그것은 가벼운 죄들입니다. 그렇습니다. 하지만 많습니다.

그러니 매일 "저희에게 잘못한 이를 저희가 용서하오니 저희 죄를 용서하소서." 하고 드리는 이 기도를 실천하도록 노력하고 진실한 마음으로 날마다 그것을 기도할 수 있도록 애씁시다. 기억합시다. 이것은 우리가 지켜야 할 약속이자 장엄한 계약이고 우리가 하느님께 드린 동의입니다.

아우구스티노 〈강론 56,7,11-19〉

고해성사

고해성사 5단계

성찰 : 구체적으로 내가 무엇을 잘못했는지 알아냄.
통회 : 죄로 인하여 상처받은 자신과 이웃을 생각하면서 지은 죄를 진심으로 뉘우침.
결심 : 다시는 하느님과 교회 공동체를 떠나지 않겠다는 굳은 결심을 뜻함.
고백 : 사제 앞에서 자신이 알아낸 죄를 숨김없이 고백함.
보속 : 자신이 지은 죄를 갚는 것으로 죄를 지으면 벌을 받아야 하는데, 이 벌을 대신해 사제의 충고와 기도나 선행을 받아들이고 실천하는 것.

십계명 (팻 움베저 신부님의 해설)

일. 한 분이신 하느님을 흠숭하여라.

- 그 무엇보다 진정 하느님을 사랑하는가, 아니면 때로 돈, 허상, 외모, 의상, 평판, 이기적 욕구 같은 지상의 다른 것들을 더 중요하게 여기는가?
- 선한 가치를 주장하면서 종종 '집단의 일원'이 되기 위해 그 주장을 굽히거나 포기하지는 않는가?
- 하느님께 감사의 기도를 하는가, 아니면 주로 무언가를 원할 때 기도하는가?
- 하느님의 뜻에 따라 변화되기를 진정으로 원하는가, 아니면 단지 좋은 그리스도인처럼 '보이기' 위해 우리의 신앙을 이용하는가?

이. 하느님의 이름을 함부로 부르지 마라.

- 실망하거나 화가 났을 때 또는 사람들에게 '멋지게' 보이려고 하느님의 이름을 불러 무례를 범하지는 않는가?
- 친구와 가족과 대화할 때 적절한 상황에서 하느님의 이름을 언급하는 것을 망설이지는 않는가?

- 교회 안에서 그리고 신앙 교육과 서적 등을 통해서, 가톨릭 정기 간행 물과 세속의 신앙 관련 기사, 텔레비전 프로그램 등에 관심을 갖고 하느님에 대해 지속적으로 배우고 있는가?

삼. 주일을 거룩히 지내라.
- 주일과 축일에 성찬을 기념하기 위해 성당에 가는가? 시간이 될 때나 '그럴 기분이 들 때'만 미사 참례를 하는가?
- 기도하고 성가를 부르며 성찬례에 참례하는가, 아니면 관망자로 대접받기를 기다리며 그냥 앉아 있는가?
- 하느님의 말씀에 귀를 기울이고 그분의 말씀이 우리의 삶에 영향을 미치도록 그분의 부르심에 마음을 열고 있는가?
- 성찬례에서 그리스도의 '참현존'을 인식하고 경외하는 마음으로 예의를 갖추어 성체를 받아 모시는가?

사. 부모에게 효도하여라.
- 가족에게 평화와 행복을 가져오는 일을 돕는가, 아

니면 다른 사람들에게 무례를 범하고 가장 가까운 사람들에게 상처와 분열을 초래하는가?
- 부모로서 자녀들에게 관대하고 인내하는가? 자녀들과 시간을 함께하면서 그들에게 필요한 것에 관심을 갖는가?
- 자녀들을 위한 책임에 한계를 두고 그들이 책임 있는 어른으로 성장하는 데 도움이 될 규칙을 따르도록 하는가?
- 자녀들에게 "안 돼."라고 말할 수 있는가, 아니면 문제가 되는 행동을 그냥 넘기면서 '시간이 지나면 나아질 것'이라고 여기는가?
- 자녀들의 말에 세심하게 귀를 기울이면서 존중하는 태도로 대하는가?
- 자녀로서 부모님을 사랑하고 존경하며 순종하는가? 부모님이 우리를 위해 많은 희생을 하신 것에 감사하는가? 자주 "고맙습니다, 사랑해요."라고 말하는가?
- 자진해서 집안일을 하는가, 아니면 하고 있던 일에 치중해 부모님을 기다리게 하여 마음 상하게 해 드렸는가?
- 부모님이 "안 된다."고 하시는 이유를 잘 새겨듣는가?

오. 사람을 죽이지 마라.
- 부주의나 몸싸움으로 다른 사람을 다치게 한 적은 없는가?
- 술이나 약물로 자신이나 다른 사람들을 위험에 처하게 하거나 어려움을 초래한 적은 없는가?
- 술을 마시거나 약물을 복용한 채 다른 사람을 태우고 운전을 하는 위험을 무릅쓴 적은 없는가?
- 우리에게 해를 입힌 사람들을 용서하려고 애쓰는가, 아니면 계속 분노를 품고 복수하려고 하는가?
- 전쟁, 탄압, 낙태, 부정에 항의하기 위해, 특히 투표권을 행사하는 것으로 자신의 힘을 좋은 영향을 주기 위해 사용하는가, 아니면 무관심과 침묵으로 그러한 악이 계속되도록 허락하는가?
- 말이나 행동으로 욕설이나 폭력을 행사한 적은 없는가? 자녀들이나 가족에게 언어폭력을 행사한 적은 없는가?
- 우리가 가진 것을 그것이 필요한 사람들과 나누는가? 시간, 재능, 재산 등을 나누는 책무를 이행하는 것으로 교회의 삶과 선교를 지원하는가?
- 매일 상황 속에서 그리스도인답게 행동하는가, 아

니면 멀찍이 서서 다른 사람들이 지닌 결점에 대해 불평을 하는가?
- 낙태를 했거나 도운 사람들은 십계명 마지막 부분 양심 성찰 부분을 참조할 것.

육. 간음하지 마라.
- 우리 신체의 존엄성과 그리스도인의 혼인의 성스러움을 존중하는가? 그 존중심을 말로 표현하는가, 아니면 그에 대한 대화에서 자주 상스러운 말과 농담을 사용하는가?
- 혼인성사에서 우리의 사랑(그리고 하느님의 사랑)을 표현하는 도구로서 선물로 받은 성性을 이해하고 감사하는가?
- 혼인 서약, 성직자나 수도자의 서약을 충실히 지키고 있는가? 단순히 서약을 했기 때문에 계명을 지키는가, 아니면 일생을 통한 약속으로 자신과 다른 사람들에게 자양분을 주도록 추구하는가?
- 간음, 음란 또는 부도덕한 행위로 이끄는 천박한 대화나 생각으로 신체를 모욕하는가?
- 도덕적 규범을 지키지 못해서 다른 사람들로 하여

금 죄를 짓게 한 적은 없는가?

칠. 도둑질을 하지 마라.
- 다른 사람들의 재산을 존중하는가? 다른 사람들의 재산을 훔치거나 손해를 입히거나 고의로 파손한 적은 없는가?
- 직장이나 학교에서 동료나 친구를 속인 적이 있는가? 속임수를 쓰는데 다른 사람을 강압적으로 돕게 하여 그가 죄를 짓게 한 적은 없는가?
- 학교나 직장에서 정직하게 열심히 공부하고 일하는가? 약속을 충실히 지키는가? 남의 신뢰를 받고 있는가?

팔. 거짓 증언을 하지 마라.
- 곤란한 문제나 상황에서 벗어나기 위하여 거짓말을 한 적은 없는가?
- 다른 사람들에 대한 험담을 하는가? 이야기를 지어내거나 부풀려 다른 사람의 명예를 훼손한 적은 없는가?
- 비밀을 지키는 사람으로 신뢰를 받는가?

- 부당하게 비난받는 사람들을 대변하는가, 아니면 사실 여부와 관계없이 소문을 전달하는 역할을 하고 있지는 않은가?

구. 남의 아내를 탐내지 마라.
- 다른 사람에게 집착해서 혼인 서약에 해를 입히거나 그것을 약화시킨 적이 있는가?
- 다른 사람들의 서약을 존중하고 그들이 약속에 충실하도록 돕는가?
- 대화나 태도에서 혼인을 가볍게 다루는가? 거룩한 약속을 비웃는 말이나 행동을 한 적이 있는가?

십. 남의 재물을 탐내지 마라.
- 하느님이 주신 것에 만족하는가, 아니면 더 많이 가졌다고 생각되는 사람들을 질투하는가?
- 더 많은 것을 사거나 그것을 자랑하여 다른 사람들보다 더 나음을 증명하려고 애쓰는가?
- 자신의 좋은 성품에 감사하는가, 아니면 끊임없이 다른 사람과 비교하면서 화를 내거나 비참해하는가?
- 직면한 문제들을 잘 극복하고 어려운 시기의 고난

에도 그리스도인답게 희망을 갖는가?
- 삶에서 진정으로 '하느님의 왕국을 우선으로 추구'하고 그분께 믿음을 두는가?
- 그리스도의 피로 거룩해지고 구원받은 백성의 평화, 희망, 기쁨을 드러내는가?

다섯째 계명은 생명과 연관해 다루는 문제다. 낙태하거나 낙태를 초래하거나 도운 것은 모두 중대한 문제다. 교회의 지혜는 많은 사람들이 이러한 상황에서 스스로를 용서하기가 어렵다는 것을 보여 준다. 낙태를 초래한 아버지들도 어머니와 마찬가지로 매우 힘들어하는 것으로 여겨진다. 대부분의 교구는 이와 관련된 복잡한 문제들로 어려움을 겪는 그들을 도와 삶을 잘 살아가도록 방법(대부분 교구에 여성을 위한 사회 복지 제도가 있다. 인터넷을 통해 여성 쉼터와 같은 구체적인 도움을 받을 수 있는 정보와 방법을 찾을 수 있다)을 제공하고 있다. 다섯째 계명과 관련한 또 다른 중대한 문제는 직·간접적으로 낙태를 합법화하는 입법 행위에 영향을 주거나 말 또는 행위로 낙태를 초래하도록 돕거나 조장하고, 안락사를 돕는 등의 행위를 포함한다. 그러한 것들은 우리 영혼을 중대한 위험에 빠뜨린다. 그와 관련된 사람들은 그 죄를 고백하고 개심할 때까지 영성체를 해서는 안 된다.

고해성사 보기

1) 고해성사를 보기 몇 분 전에 시간을 갖고 지난번 고해성사 이래 지금까지의 생활을 성찰해 보는 것이 좋습니다. 이미 고백한 죄는 전부 용서받았으므로 다시 생각할 필요가 없습니다. 우리는 과거에 범한 죄를 후회합니다. 그렇다고 그 죄를 다시 고백할 필요는 없습니다. 만일 고백할 생각이었지만 당시에 깜빡 잊고 고백하지 못했더라도 괜찮습니다. 고백할 생각을 했다는 것으로 그 죄 역시 이미 사함을 받은 것입니다. 주님께서는 모든 죄를 용서하신다는 것을 잊지 마십시오.

일반적으로 반드시 고백해야겠다고 마음먹은 일들은 생각나게 마련입니다. 우리가 자신을 어떻게 대했고 가족과 다른 사람들을 어떻게 대했는가를 성찰하다 보면, 사랑이 부족했고 험담이나 때로는 거짓말을 했다는 사실을 깨닫게 됩니다. 상세한 부분까지 깊이 생각할 필요는 없습니다. 또한 그런 죄를 몇 번 범했는지 정확하게 기억해 낼 필요도 없습니다.

2) 고해소에 들어가면 칸막이가 있는 고해소든 사제와 대면하는 고해소든 먼저 이렇게 시작합니다. "성부와 성자와 성령의 이름으로 아멘. 고해한 지 며칠(또는 몇 주, 몇 달) 됩니다." 죄를 고백한 다음에는 "이 밖에 알아내지 못한 죄도 모두 용서하여 주십시오."라고 합니다.

3) 일반적으로 고백하는 죄는 이런 것들입니다. "가족(누구)에게 부당하게 심한 말을 해서 마음을 상하게 했습니다. 난처한 상황을 피하려고 두 번 거짓말을 했습니다. 직장 동료에게 화를 내면서 싫은 감정을 드러내 보였습니다." 성性에 관련한 죄를 고백하는 것은 언제나 힘든 일이지만, 이렇게 고백하면 좋을 것입니다. "저는 순결의 미덕을 지키는 데 어려움을 겪었습니다. 생각(또는 행동)으로 죄를 지었기에 고백합니다."

4) 고해성사는 이렇게 마무리합니다. "지난날 범한 모든 죄를 뉘우치며, 하느님의 용서와 신부님의 보속을 청

합니다."

5) 사제는 훈계를 할 것이며, 회개의 표시로 주님의 기도 등을 바칠 것을 청할 것입니다. 그리고 통회기도를 청할 것입니다.

6) 그러면 이렇게 말합니다. "오, 주님. 주님과 제 이웃의 마음을 아프게 하였사오니 저의 모든 죄를 뉘우칩니다. 앞으로 다시는 죄를 범하지 않으려고 노력할 것을 다짐합니다. 아멘."

통회기도 1

하느님,
제가 죄를 지어
참으로 사랑받으셔야 할
하느님의 마음을 아프게 하였기에
악을 저지르고 선을 멀리한 모든 잘못을
진심으로 뉘우치나이다.

또한 주님의 은총으로 속죄하고
다시는 죄를 짓지 않으며
죄지을 기회를 피하기로 굳게 다짐하오니
우리 구세주 예수 그리스도의 수난 공로를 보시고
저에게 자비를 베풀어 주소서.
아멘.

통회기도 2

저의 죄를 용서하소서.
주님, 제가 범한 모든 죄를 용서하소서.
젊어서 범한 죄와 나이 들어 범한 죄,
제 영혼이 범한 죄와 육신이 범한 죄,
나태함으로 인한 죄와 고의로 범한 중대한 죄,
알면서 범한 죄와 미처 모르고 범한 죄,
오랫동안 숨겨 왔고 그리하여 이제 제 기억 속에
감추어진 죄를 용서하소서.
제가 범한 소죄와 대죄,
이 모든 죄를 진심으로 뉘우치나이다.

어린 시절부터 지금 이 시각까지 범한 모든 죄를
진심으로 뉘우치오며
제가 범한 죄로 사랑이 많으신 주님의 마음을
상하게 해 드렸음을 알고 있나이다.
오, 구세주시여,
구원자이신 우리 주님의 통고 수난을 통하여
제가 악의 굴레에서 벗어나게 해 주소서.
오, 예수님,
저의 지난 모든 잘못을 잊어 주시고
용서하여 주소서.
아멘.

반복되는 걸

자신의 나약함을 고백하다

'고해'라는 말을 들여다보면 '말씀드리고'(告) '푼다'(解)는 의미임을 알 수 있습니다. 내가 죄를 말씀드리면 하느님이 푸신다, 즉 용서하신다는 뜻이지요. 현재와 같은 고해성사의 틀이 갖추어지기 전인 교회 역사 초기에는 죄의 고백을 대개 죽기 전에 했다고 합니다. 죄를 공동체 앞에서 공개적으로 고백했고 보속을 하는 동안은 공동체에서 배제되었기 때문에 사람들이 고백을 피했던 것이지요. 일생에 한 번 죽기 전에 고백을 하는 이런 부작용을 피하기 위해서 점차적으로 고해성사 형식이 개선되었고 현재와 같은 틀을 갖추게 된 것입니다.

그런데 마음만 먹으면 언제든지 고해소를 찾을 수 있는 현재의 고해성사에서 새로운 고민거리가 등장합니다. 이것은 고해를 자주하는 열심한 신자들에게 해당되는데, 고해성사 때 말씀드리는 죄가 늘 반복된다는 점입니다.

열심히 성찰을 하고 통회를 하면서 다시는 이런 잘못을 되풀이하지 말아야지 다짐을 해도 다음번 고해소에서 또 같은 죄를 고백하고 있는 자신을 발견합니다. 하느님께 죄스럽고 자신이 한심해서 나중에는 '고해를 하지 말까?' 하는 생각조차 듭니다. 늘 나를 용서해 주시는 하느님께 죄송하고 또 같은 죄를 고백하고 있는 자신이 한심합니다. 그러면 어떻게 해야 할까요?

여기서 죄의 본질과 그 죄를 용서해 주시는 하느님의 사랑에 대해 생각해 볼 필요가 있습니다. 복음서에 나오는 유명한 착한 사마리아 사람 이야기는 "어떤 사람이 예루살렘에서 예리코로 내려가다가…"(루카 10,30)라는 문장으로 시작됩니다. 성 아우구스티노는 이 문장에서 죄의 본질을 발견합니다. 예루살렘은 성전이 있는 곳, 하느님이 계신 곳입니다. 예리코로 내려간다는 것은 하느님 멀리로 간다는 말이고 그렇게 하느님께 멀어짐으로써 죄에 빠진 인간이 강도를 만나 옴짝달싹 못하게 된 것이 바로 죄 속에 빠진 우리 인류의 상태라는 것이지요.

어찌 보면 그것이 죄인 줄 알면서도 늘 반복해서 그 죄에 빠지는 우리 모습은 길에 쓰러진 채 이러지도 저러지도 못하는 복음서의 강도 만난 사람을 닮았습니다. 이런 상태에서 우리가 할 수 있는 가장 좋은 방법은 그러한 우리의 나약함을 하느님께 바쳐 드리는 것입니다. 하느님 앞에 가서 "주님, 또 이런 죄를 지었습니다. 저는 혼자 힘으로 이것을 어찌할 수 없음을 고백합니다. 주님께서 도와주십시오."라고 말씀드리는 것입니다. "나(하느님)의 힘은 약한 데에서 완전히 드러난다."(2코린 12,9) 바오로 사도의 고백이지만 그 약함이 하느님의 힘을 드러내려면 감춤도 숨김도 없이 그것을 먼저 하느님께 드려야 합니다.

나의 죄와 나약함을 오롯이 하느님께 드릴 때 하느님의 은총을 받을 자리를 내 안에 마련하게 됩니다. 내가 드리는 만큼 나는 비워지고 그 자리에 그분의 은총이 채워집니다. 사실 하느님께 좋은 것, 멋진 것, 대단한 것이 필요하지는 않을 것입니다. 전지전능하신 그분께 "주님, 제가 이것을 해냈습니다. 대단하지요?" 할 필요가 있겠습니까? "제가 만날 짓는 이 죄를 제 힘으로 어떻게 해 보겠습니다. 그런 다음 좀 다른 고백거리를 들고 고해소로 찾아뵙겠습니다." 이런 자세는 말씀드릴 죄를 내가 결정하겠다는 것이고 용서하시는 하느님의 자리를 빼앗아 버리려는 교만입니다. 괴롭더라도 있는 그대로의 나를 들고 고해소로 찾아가는 모습은 시편에서 말하는 기도를 바쳐 드리는 자세입니다. "하느님, 나의 제사는 통회의 정신, 하느님은 부서지고 낮추인 마음을 낮추 아니 보시나이다."(최민순 역 시편 51,19)

이러한 고백은 나의 힘이 아니라 하느님의 힘에 의지하는 믿음의 고백이며 죄로 인해 옴짝달싹 못하는 우리에게 찾아오시는 착한 사마리아 사람, 예수 그리스도의 사랑에 대한 고백입니다.

"그렇기 때문에 나는 그리스도의 힘이 나에게 머무를 수 있도록 더없이 기쁘게 나의 약점을 자랑하렵니다."(2코린 12,9)

황인수 이냐시오 신부

고해성사 질문과 답

다음 질문에는 신부들의 지식과 경험, 깊은 신앙을 바탕으로 한 답변 가운데 선별한 내용을 동의를 얻어 실었다.

고백은 어느 정도 자세히 해야 하나

✔ 과거에 범한 중대한 죄를 신부님께 상세히 고백하지 못한 것에 깊은 두려움을 갖는 것도 죄일까요?

우리는 죄를 상세히 고백할 필요가 없습니다. 죄의 범주를 언급하고 죄를 지은 횟수 등 대략적인 내용을 말하면 고해 사제는 그 죄가 습관적인지 순간적 나약함에서 비롯된 것인지 알 수 있으며 그에 합당한 훈계를 해 줍니다. 상세히 고백하지 않더라도 자기 죄를 고백한다는 것은 매우 어려운 일입니다.

✔ 오래전 본당에서 공동 참회 예절을 할 때 본당 신부님께서 말씀하시기를, 자신의 죄를 깊이 뉘우쳤다면 그 죄를 몇 번 범했는지까지 상세히 고백할 필요가 없다고 하셨습니다. 또한 음란죄 같은 죄는 비슷한 범주의 여러 가지 많은 죄의 형태를 포함한다고 예로 드시면서 일반적인 고백만 필요하다고 말씀하셨습니다.

여러분이 본당 신부님의 가르침을 따르셨다면 여러분의 죄는 사함을 받았다고 믿으십시오. 아마도 고백할 신자들은 많은데 고해 사제의 수가 모자라는 본당 사정 때문에 될 수 있으면 고해 시간을 짧게 하는 것이 좋다고 느꼈을 것입니다. 일반적인 상황에서라면 음란죄(질문에서 언급하신)는 좀 더 상세하게 고백해야 할 것입니다. 음란죄에는 음욕(욕구), 자위행위, 사음, 포르노, 매매춘, 불륜을 포함합니다. 이런 죄들은 낱낱이 설명하지 않고도 고백할 수 있습니다. 일반적으로 몇 번 범했는지, 예를 들면 일주일에 두 번, 한 달 또는 일 년에 몇 번으로 고백하면 사제는 그 죄가 습관적인지 순간적으로 의지가 약해져 범한 것인지를 파악하고 조언을 해 줍니다. 사제의 훈계는 그에 따라 달라질 것입니다.

✔ 고해 신부님께 성적 본능과 관련된 매우 수치스런 죄를 고백할 때 구체적으로 어떤 행위를 했다는 말씀을 드리지 않고 고백하는 방법이 있을까요? 예수님께 개인적으로 고백하면 그런 죄들을 용서해 주시지 않을까요?

성과 관련된 죄를 고백할 때는 수치스럽습니다. 그런데 사제에게는 어떤 고백을 해도 이전에 사제가 들어 보지 못한 내용은 없습니다. 사제는 윤리 신학을 통해 성性과 관련해 범할 수 있는 모든 죄를 다루었고, 고해소에 들어가기 오래전에 이미 들어 알고 있습니다. 단순히 죄의 범주만 말하고 그 죄를 몇 번 범했다고 대략의 횟수를 말하십시오. 상세한 부분까지 말할 필요는 없습니다. 사실 상세한 설명은 만류하고 있습니다. 교회는 고해자들이 원하는 어떤 곳에서도, 어느 사제에게도 고백할 수 있도록 하고, 고해소에서 사제가 고해자를 볼 수 없도록 하여 가능한 쉽게 고백할 수 있도록 애쓰고 있습니다. 그리고 사제도 죄를 범했을 때는 고해성사를 본다는 사실을 명심하십시오. 사제는 고해자의 상황과 수치스러움을 잘 이해하고 있으며 도움을 줄 것입니다.

예수님께 개인적으로 고백하는 것은 선택 사항이 아

닙니다. 예수님은 우리 죄로 인해 모욕을 당하는 분이십니다. 그래서 화해라는 조건을 제시하십니다. 예수님께서 부활하신 다음 당신 제자들에게 나타나 이렇게 말씀하셨습니다. "'평화가 너희와 함께! 아버지께서 나를 보내신 것처럼 나도 너희를 보낸다.' 이렇게 이르시고 나서 그들에게 숨을 불어넣으며 말씀하셨다. '성령을 받아라. 너희가 누구의 죄든지 용서해 주면 그가 용서를 받을 것이고, 그대로 두면 그대로 남아 있을 것이다.'"(요한 20,21-23) 이 말씀은 분명히 고해성사를 의미합니다. 제자들은 독심술사가 아니었으며 죄인 본인만 자신의 죄가 무엇인지 알기 때문입니다. 예수님께서는 우리가 죄를 참회하는 행위의 일환으로 당신을 대신한 사람들(사제들)에게 우리 자신을 낮추고 고백하기를 요구하실 권리가 있습니다. 죄인이 화해의 조건을 제시하는 것이 아닙니다.

우리는 언제든지 하느님께 용서를 빌 수 있으며 자주 할수록 좋습니다. 그러나 완전한 뉘우침만이 고백과 함께 죄에서 벗어나는 길입니다. 완전한 뉘우침이란 우리가 좋은 분이시며 우리의 사랑을 받으셔야 할 하느님의 마음을 아프게 해 드린 것을 후회하는 것입니다. 우리는 벌을 받아 마땅하며, 지옥에 떨어지는 것을 두려워해서가 아니라 그분의 마음을 상해 드렸기에 후회하는 것입니다. 거기에 이기적인 동기가 포함되어서는 안 되며 그 점이 대부분의 사람들에게 어려운 것입니다. 불완전한 뉘우침(이기심에 빠진)이라도 화해의 성사를 통해 죄 사함을 구하기에는 충분합니다.

> ✔ 과거에 범한 중대한 죄에 대해 신부님께 상세히 고백하지 않았기 때문에 깊은 두려움을 느낀다면 그것이 죄가 될까요? 그 죄로 인해 겪은 모든 고통을 상세히 고백하지 않고 일반적인 고해성사를 보아도 될까요?

화해의 성사에서 대죄를 고백할 때는 사제에게 상세히 말해야 합니다. 그래야 사제는 그 죄가 어떤 죄이며, 몇 번 범했고, 우리 삶을 위한 하느님의 계획을 거스른 죄의 본성에 영향을 주었을 특별한 상황이 무엇인지 알 수 있습니다. 간음했다는 고백을 한다면 그것은 두 사람 중 적어도 한 사람이 기혼자라는 뜻입니다. 쌍방이 모두 기혼자라면 상황은 더 중대해집니다. 간음죄로 안정된 결혼 생활을 파괴하는 결과를 가져왔다면, 그리고 가족에게 엄청난 분노와 고통을 주었다면 고해성사에서 반드시 언급해야 할 또 다른 상황입니다.

사제가 이러한 상황을 알아야 고백자에게 앞으로 어떻게 해야 할지, 그의 삶에 다시 평화를 가져오려면 어떻게 해야 할지 도움을 줄 수 있습니다. 고백자가 사제에게 간음으로 얼마나 고통스러웠는지를 말하는 것도 도움이 됩니다. 간음을 부정적으로 여기지 않을 수도 있지만 그것이 죄라는 사실은 고백자도 알고 있습니다. 이런 마음을 사제가 알아야 어려운 상황에서 고백자에게 더 많은 도움을 줄 수 있습니다.

마지막으로, 어떤 죄는 고백자가 정말 말하기 어렵고 하고 싶지도 않을 수 있습니다. 그런 경우에는 그 죄의 심각성과 특성을 암시하는 일반적인 표현으로 고백합니다. 그러면 사제는 잘 이해하고 도움을 줄 것입니다. 고해성사에서 사제는 그리스도의 대리자이고, 그리스도는 사랑이 많고 자비로운 우리 형제라는 것을 기억하십시오.

고해성사는 얼마나 자주 보아야 하나

✔ 성인이 된 신자는 얼마나 자주 고해성사를 보아야 하는지요? 저는 아침에 혹시 시간을 내지 못할 것에 대비해 매일 밤 자기 전에 통회기도를 바칩니다.

교회는 대죄를 범한 사람은 누구나 최소한 일 년에 한 번 사순 시기에 고해성사를 보아야 한다고 정하고 있습니다(교회법에 덧붙여 한국 교회는 적어도 일 년에 두 번, 사순 시기와 대림 시기에 하도록 권고한다). 우리는 고해의 성사적 은총을 마음에 새기면서 더 자주 고해성사를 보아야 할 것입니다. 성인 신자는 한 달에 한 번 고해성사를 보는 것이 바람직합니다. 반드시 죄를 범한 경우에만 고해성사를 보는 것이 아닙니다. 고해자 스스로 어떠한 대죄도 범하지 않았음을 알고 있다면, 고해 사제에게 고해한 지 얼마 되었는지 말한 다음, 대죄를 범하지 않았다는 것과 소죄 또는 일반적인 방식으로 넷째 계명 혹은 여섯째 계명을 어기는 죄를 범했다고 고백하면 됩니다. 그것은 고해 사제에게 죄 사함을 위한 충분한 내용을 제시하는 것이며, 고해자는 유혹을 이겨 내고 은총 속에

머무는 성사적 은총을 받게 되는 것입니다.

통회기도는 매일 저녁뿐 아니라 잘못을 저지르고 죄를 범할 때마다 바치면 좋습니다. 그것은 우리가 하느님과 어떤 관계에 놓여 있는지를 되새기고 죄의 위험을 더 잘 깨닫도록 도와줍니다.

✔ 고해성사를 얼마나 자주 보아야 하는지 알고 싶습니다. 화해의 성사 횟수에 대한 지침이 있는지요? 교회는 일 년에 적어도 한 번 고해성사를 볼 것을 권한다고 알고 있습니다. 죄는 언제나 가까이 있고, 전보다는 줄었지만 많은 경우에 저는 같은 죄를 고백하곤 합니다. 저는 석 달에 한 번 정도 고해성사를 보는데, 충분한 것인지요?

고해성사의 횟수는 매우 개인적인 것입니다. 대죄를 범하지 않아도 매주 고해성사를 보는 신자도 있습니다. 그런 분들은 화해의 성사로 받는 성사적 은총이 얼마나 중요한지 잘 알고 그것을 받아 누리는 것입니다. 고해 사제는 영적 지도자이기도 합니다. 고해성사를 자주 보는 경우에 사제는 그 신자와 하느님의 관계를 잘 파악할 수 있고 보다 쉽게 적절한 도움을 줄 수 있습니다. 석 달에 한 번 고해성사 보는 것에 부족함이 없다고 생각한다면 그렇게 지키시면 됩니다. 제가 신학교에 다닐 때는 일주일에 한 번 고해성사를 보게 했습니다.

아는 사제에게 고해성사를 보는 어려움

✔ 잘 아는 신부님께 고해성사 보는 것을 어려워하는 사람들이 있습니다. 어떤 조언을 해 주실 수 있는지요?

저는 누구에게 성사를 주었는지 기억하지 못합니다. 고해성사는 유익하고 충실한 영적 방문입니다. 사제는 수없이 많은 고백을 듣습니다. 주님께서 사제에게 고백자의 죄를 기억하지 못하는 능력을 주셨습니다. 사제는 고해성사 전·후에 주님께서 사람들의 고백을 기억하지 못하는 능력을 주신다는 기도를 바칩니다. 고해성사를 거행하며 사제는 사람들이 자신을 신뢰하고 신임한다는 데서 행복을 느낍니다. 그러므로 여러분은 고해성사를 통해 사제를 기쁘게 해 주는 것입니다.

✔ **제가 특별히 수치스럽게 여기는 죄를 고백했을 때 고해 신부님은 저를 어떻게 생각하실까요? 제가 저지른 행동을 나쁘게 생각하고 저를 달리 보시지는 않을까요?**

사제는 고해자의 죄를 개인적으로 판단하지 않습니다. 사람들은 하느님을 거슬러 죄를 짓는 것이지 사제에게 죄짓는 것이 아닙니다. 하느님과 죄인 사이에서 중재자 역할을 하는 것이 사제가 하는 일입니다. 고해 사제는 그리스도 신비체의 일원인 한 사람을 다시 하느님께 데려오는 역할을 하며, 그것은 사제가 가장 큰 만족감을 얻는 소임 중 하나입니다. 또한 그것은 사제의 신성한 의무입니다. 신학생들은 윤리 신학을 배우면서 사람들이 범할 가능성이 있는 모든 죄에 대한 지식을 습득합니다. 고해자의 어떤 고백 내용에도 사제는 놀라거나 분개하지 않습니다. 고해소에 들어가기 전부터 사제는 이미 모든 죄에 대해 신학교에서 들은 바가 있는 것입니다. 오히려 사제는 하느님의 은총으로 돌아오기 위해 자신을 겸손하게 낮추는 고해자에게 깊은 존경심을 갖습니다. 또한 고해 사제는 얼굴을 보며 고해를 하는 고해소가 아니고는 고해자가 누군지 알지 못할 것입니다.

실제로 범하지 않은 죄

✔ 의향은 있었지만 기회가 없어서 실제로 범하지 않은 죄도 고백을 해야 하는지요?

예수님께서는 음욕을 품고 여자를 바라보는 자는 누구나 이미 마음으로 그 여자와 간음한 것이라고 일러 주셨습니다. 의지가 유혹을 이기지 못하고 죄가 되는 행동으로 옮길 계획을 한다면 행동으로 옮기기 전에 이미 마음으로 죄를 범한 것입니다. 의지 자체가 이미 죄를 범한 것입니다. 죄가 되거나 부적절한 생각을 품은 것만으로도 고백을 해야 합니다.

반복하는 죄

✔ 같은 죄를 자꾸 짓게 되는 사람들에게 어떤 말씀으로 도움을 주실 수 있는지요?

그렇다고 해도 자주 고해성사를 볼 것을 권합니다. 그

래야만 화해의 성사에서 비롯되는 성사적 은총의 효과가 계속 쌓여 마침내 죄의 유혹을 이겨 내는 힘을 갖게 됩니다. 그것은 의사가 병을 앓고 있는 환자를 계속 자주 진찰하는 것과 같습니다. 한 번의 진찰이나 처방으로 병이 완쾌될 수는 없습니다. 여러 번 진찰하고 꾸준히 약을 복용해야만 상처가 낫고 병이 치유되는 것입니다. 우리를 지배하는 죄짓는 경향 역시도 수없이 결심하고 인내하면서 고해성사로 받는 은총이 있어야 이겨 낼 수 있습니다. 그리고 희망의 끈을 놓지 말기를 권합니다. 하느님의 도우심과 은총이 모든 것을 가능하게 해 주시기 때문입니다.

✔ **같은 죄와 잘못을 범하고 계속 같은 내용의 고해성사를 해야 할 경우 어떻게 해야 개선이 될까요?**

회심할 수 있도록 무거운 짐을 하느님께 의탁하십시오! 범한 죄와 잘못과 나약함을 주님께서 전부 없애 주실 때까지 고해성사를 계속하십시오. 기다리는 사람들 때문에 많은 신자들이 고해성사를 서둘러 끝마쳐야 한다고 생각합니다. 그러다 보니 깊이 성찰하지도 않고 같은 내용을 표현만 조금 바꿔서 간단히 고백하곤 합니다. 이것은 올바른 고해성사가 아닙니다. 범한 죄의 목록을 나열하는 게 중요한 것이 아니라 다시는 죄를 범하지 않도록 조언을 듣는 게 중요합니다. 고해 사제가 여러분에게 질문을 하도록 하고 여러분은 최대한 정직하게 대답하십시오. 사제는 여러분이 죄를 범하지 않도록 도움을 줄 수 있습니다.

혼인 장애의 경우

✔ 성당에서 혼배를 하지 않았을 경우에 어떻게 고해성사를 할 수 있는지요? 남편은 가톨릭 신자가 아니고 신자가 될 가능성도 거의 없습니다.

말씀대로 상황이 바뀔 가능성이 거의 없다면 자매님이 할 수 있는 유일한 일은, 신앙의 외부적 의무 사항을 지키는 것입니다. 그것은 주일과 의무 축일에 미사 참례를 하고, 성금요일에 금육재와 단식을 지키는 것 등입니다. 그리고 신앙을 지키기 위해 최선을 다하십시오. 진정으로 개선하려는 의사(정개定改, 다시 죄를 짓지 않기로 결심하는 일)가 없이는 고해성사를 볼 수 없습니다.

✔ 저는 재혼한 가톨릭 신자입니다. 첫 결혼은 성당에서 했고 15년의 결혼 생활은 무척 힘들었습니다. 재혼은 법정에서 했습니다. 지금 우리 부부 사이는 확고하며 14년 동안 행복하게 살고 있습니다. 신앙 교리에 어긋난 재혼 이후 영성체를 못하고 있지만 매주 미사 참례를 하고 있습니다. 우리 본당에서는 가톨릭 신자가 아니거나 어떤 이유로 영성체를 못하는 신자들은 영성체를 하러 신부님 앞으로 나가서 두 팔을 십자로 가슴에 모으고 축복을 받도록 배려해 줍니다. 그래서 저도 영성체를 못하게 된 이후 그렇게 하고 있습니다. 제가 알고 싶은 것은 죄 사함을 못 받더라도 고해성사를 볼 수 있는지 하는 것입니다. 저는 아직도 제가 신자라고 깊이 느끼며 교회를 매우 사랑합니다.

15년의 첫 결혼이 무척 힘들었다고 하셨습니다. 그 말씀은 애초에 그 결혼에 문제가 있었다는 뜻입니다. 혹시 첫 결혼에 대한 혼인 무효 신청을 해 보셨는지요? 만일 첫 결혼이 혼인 계약에서 처음부터 근본적으로 문제가 있었다면, 가령 배우자가 아이를 가질 생각이 없다든지, 죽을 때까지 결혼을 유지할 의사 없이 결혼했다든지, 금전적인 이유만으로 결혼했다든지 하는 경우에 결혼 계약은 처음부터 무효가 됩니다. 첫 결혼에 대한 무효 소송에 대해 알아보시면 문제를 완전히 해결할 수 있을 것입니다. 어쨌든 주일 미사는 계속 참례하시고 할 수 있는 한 신앙생활도 계속하십시오. 그리고 영성체 때 팔을 가슴에 십자로 모으고 신부님의 축복도 계속 받으시기 바랍니다.

사제가 죄 사함을 줄 수 없다면 고해성사는 아무 의미가 없습니다. 죄 사함을 받으려면 진정한 뉘우침으로 다시는 죄를 짓지 않겠다는 마음가짐을 갖는 것입니다. 그것이 가능한 유일한 방법은, 자매님과 현재의 남편이 현재와 같은 '결혼의 권리'를 갖지 않고 형제자매로 살아가겠다고 약속해야 합니다. 그러자면 두 분의 희생이 따라야 할 것입니다.

화해와 용서

✔ 저는 친정엄마와 일 년 넘게 말을 하지 않고 지냅니다. 엄마는 제 남편과 제가 엄마가 가진 돈을 빼앗고 엄마를 양로원에 넣으려 한다고 믿습니다. 그건 사실이 아닙니다. 저희 부부는 절대로 그럴 생각이 없습니다. 엄마 주변에는 성당 교우 친구들이 있는데, 그분들은 자식들과 그런 문제를 안고 있는 분들이어서 엄마는 그 영향을 많이 받고 계십니다. 67년의 세월 동안 저와 친정엄마 사이가 좋았던 적은 한 번도 없었습니다. 제게 한 번도 인정하거나 칭찬하는 말씀을 하신 적이 없고, 제 결혼도 그랬습니다. 엄마는 사위를 끔찍이 싫어하십니다. 게다가 엄마와 우리 부부는 같은 동네에 살고 있습니다. 엄마가 믿고 의지하는 친구는 옆집에 사는 분으로 엄마보다 몇 살 적은데, 그분이 우리 아들에게 친정엄마가 저를 비난한다는 말을 했습니다. 그런 중에도 저는 고해성사를 보러 갔고, 신부님께서는 어쨌든 부모님이니까 화해를 위한 노력을 해야 한다고 말씀하셨습니다. 저는 신부님의 조언을 따르지 못했고 그래서 그 후로 성당에도 가지 않았고 고해성사도 보지 않았습니다. 신부님께서는 엄마와 사이가 악화되면서 제 신앙에도 문제가 생긴 것이라고 하셨습니다. 저는 무척 힘든 시간

을 견디고 있습니다. 지금까지의 이야기는 아주 간략하게 말씀드린 것입니다. 어쨌든 이런 상황에서 제 건강이 나빠졌고 혈압약과 안정제를 복용하고 있습니다. 제가 만일 건강한 삶을 되찾기 위해 앞으로 친정엄마를 모른 척하고 살아야겠다고 말씀드린다면 저의 죄가 사함을 받을 수 있을지 알고 싶습니다. 이 일로 계속 고해성사를 보아야 할까요?

우선 화해와 용서를 구분하셔야 한다는 말씀을 드립니다. 화해는 쌍방의 의지로 이루어집니다. 자매님의 어머니는 화해할 의사가 없으신 걸로 생각됩니다. 그건 자매님도 어쩔 수 없습니다. 하지만 그분은 자매님의 어머니시고 하느님께서는 자매님이 어머니를 용서하기를 바라시므로 어머니를 용서하셔야 하며 그러실 수 있습니다. 만일 어머니께서 자매님과 말을 안 하신다면 자매님도 억지로 그럴 필요는 없지만 그래도 성탄절이나 생신 때 어머니를 생각하고 있다는 뜻으로 카드를 보내 드릴 수는 있습니다. 미움과 분노를 안고 있으면 육신과 마음에 병이 듭니다. 일단 어머니를 용서하면 어머니가 아무리 자매님께 잘못하신다고 해도 하느님과 함께 평화 가운데 있게 될 것이며 혈압도 정상으로 돌아올 것입니다.

어머니를 마음으로 용서하고 미움에 대한 고해성사를 보면 다음번에 다시 그것에 대해 고백하지 않아도 됩니다.

✔ **누군가를 마음속으로 미워하는 것도 죽을죄인가요?**

미워하는 사람을 위해 기도하려고 노력하십시오. 우리는 그 사람이 왜 그렇게 미운 짓을 하는지 잘 모릅니다. 첫째, 그 미움은 개인적인 느낌입니다. 둘째 자신에게 '내가 이 미움을 계속하기를 원하는가?'를 물어보십시오. 저라면 이렇게 하겠습니다. "주님, 제가 그 사람을 미워하지 않듯이 주님께서 저를 미워하시지 않기를 바랍니다." 매일의 삶에서 이렇게 말씀드리십시오.

기억나지 않는 죄

✔ **고해성사를 성실하게 보았고 모든 범한 죄를 뉘우친다는 말씀을 드렸지만, 지나고 나서 혹시 어떤 죄에 대해 고백했는지 확신한 기억이 나지 않으면 다시 그 죄를 고백해야 할까요?**

아주 좋은 질문을 하셨습니다. 그런 질문을 하는 신자들이 많습니다. 대답은 "아닙니다." 고해성사 도중에 생각이 나지 않았거나 확실하게 기억하지 못해 다시 고백을 해야 하는 지난 죄는 죽을죄(대죄)뿐이며 의도적으로 고백하지 않았을 경우에도 그렇습니다. 우리는 하느님의 자비를 믿어야 합니다. 하느님께서는 우리가 잊어버리고 고백하지 못한 모든 죄도 용서하실 것입니다. 지난 죄들을 전부 되새기려 한다면 우리는 온갖 묵은 수치심을 다시 느껴야 할 것이며, 결국 영적으로 지극히 해로운 소심증을 초래할 것입니다.

고해성사의 두려움

✔ 기도 외에, 올바른 행동을 북돋워 주고 특히 수치스러운 행위를 고백할 수 있도록 용기를 주는 실천 방법은 없을까요? 두려워 할 필요가 없다는 것은 알지만 더욱 용기를 내서 고해성사를 보고 싶습니다.

하느님께 고해성사를 잘 볼 수 있도록 필요한 용기를

청하십시오. 고해 사제가 어떻게 생각할까에 대해서도 마음을 쓸 필요가 없습니다. 사제들은 고해소에 첫발을 디디기도 전에 인간이 범할 수 있는 모든 죄에 대해 알고 있습니다. 윤리 신학을 공부하면서 그 모든 것을 다루었기 때문입니다. 여러분은 범한 죄로 인해 사제가 아니라 하느님께 모욕을 드린 것임을 명심하십시오. 사제는 고해소에서 하느님의 도구일 뿐입니다. 고백을 성실하게 한다면 수치스러움은 거의 사라집니다. 범한 죄를 상세히 고하지 말고 죄의 범주만을 언급하는 것이 올바른 고백입니다. 상세히 부분적인 것까지 고백하지 않아도 됩니다. 사제 자신도 고해성사를 보는 사람이기 때문에 여러분이 느끼는 수치스러움을 이해하며 충분히 공감합니다. 마지막으로 아주 중요한 점을 말씀드리자면, 대부분의 사제는 자신이 화해의 성사로 죄를 용서하는 도구로 쓰인다는 점을(미사의 거룩한 희생 제사를 거행한다는 점 다음으로) 사제 직분의 가장 큰 선물 가운데 하나로 생각한다는 것입니다.

✔ 고해성사를 하지 않으려는 유혹에 빠지는 때가 많습니다.

그러면서 자꾸 미루게 됩니다. 어떻게 하면 유혹을 이겨 낼 수 있을까요?

그것은 영적 삶의 문제라는 점을 명심하십시오. 우리는 미사 때마다 영성체를 합니다. 고해성사는 영성체를 하기 위한 바람직한 준비 가운데 하나입니다. 그러므로 주님께서 베풀어 주시는 모든 유익함과 은총과 특권을 누릴 수 있는 가장 합당한 영성체를 원한다면 그에 맞갖은 준비를 해야 하는 것입니다. 고해성사를 망설이고 있다면 저는 "얼른 고해성사를 보십시오!"라고 말씀드리고 싶습니다.

✔ 고해성사의 두려움은 어떻게 극복할 수 있을까요?

고해성사에 대한 두려움은 우리가 어렸을 때 겪은 나쁜 경험에서 비롯되기도 합니다. 예민한 나이에 겪은 일은 우리 감정의 기억 속에 깊이 남아 있는 경향이 있습니다. 또한 단순히 고해소라는 작고 밀폐된 공간에서 오는 두려움일 수도 있습니다.

과거에 두려움을 주었던 경험이 있다면 좋지 않았던 기억을 되살려 그 두려움을 다시 느끼는 작업이 필요합니다. 그렇게 하면 지금 현재로 그 문제를 가져올 수 있습니다. 지금은 창피를 주거나 호되게 야단을 치던 옛날 그 신부님이 없습니다. 기분 나쁘게 했거나 마음 상하게 했던 사람들로부터 이제 안전합니다. 그러면 서서히 그 감정들을 극복할 수 있게 됩니다.

이 과정에서 가지고 있던 오랜 분노를 놓아 버려야 합니다. 당신을 부당하게 대했던 그들의 행동을 생각하면서 여러 번에 걸쳐 서서히 분노를 놓아 버릴 수 있습니다. 어떤 사람들은 지난 일들을 전부 자세히 글로 쓰고 그 종이를 찢어 버리는 것으로 분노를 없애기도 합니다. 또 어떤 사람들은 자신에게 상처를 준 사람을 생각하며 방망이를 휘둘러 공을 치기도 합니다. 한참 동안 베개를 손으로 때리면 후련해진다는 사람도 있습니다. 분노의 감정은 자꾸 줄여 가야 합니다. 나중에 다시 또 느끼게 되면 같은 방법으로 없애면 됩니다.

이렇게 우리는 감정을 치유하게 되고 분노나 두려움의 감정을 부드럽고도 효과적으로 통제하게 됩니다. 더 이상 그런 감정들로 인해 화해의 성사로 받는 은총을 체험

하는 데 어려움을 갖지 않기를 바랍니다.

오랜 냉담 후에 성사를 볼 때

✔ 저는 가톨릭 신자로 자랐습니다. 그러나 45년 동안 미사 참례를 하지 않았습니다. 그런데도 고해성사를 볼 수 있을까요?

물론입니다. 45년 동안 교회를 떠나 있던 사람도 고해성사를 볼 수 있습니다. 필요한 것은 죄를 뉘우치는 마음과 다시는 죄를 범하지 않겠다는 굳은 결심입니다. 하느님께서는 당신이 아무리 오래 떠나 있었더라도 돌아온 잃어버렸던 양 한 마리를 품에 안고 기뻐하십니다.

✔ 저는 30년 넘게 고해성사를 보지 않았고 지금 75세가 되었습니다. 고해성사를 볼 용기도 나지 않고 더구나 신부님과 얼굴을 마주 보며 고백을 해야 하는 요즘 고해성사 방식 때문에 더욱 망설여집니다. 전처럼 고해소에서 칸막이를 사이에 두고 고해성사를 볼 수는 없는지요?

30년보다 훨씬 더 오랫동안 고해성사를 보지 않은 사람들도 있고 그들 중에는 어려움 없이 교회로 돌아온 사람들도 많습니다. 하느님께서는 그런 사람들을, 특히 아주 오랜 시간이 흐른 다음에 돌아온 사람들을 크게 기뻐하시며 안아 주십니다. 그리스도는 아흔아홉 마리 양을 두고 잃어버린 한 마리 양을 찾아 나서는 착한 목자이심을 잊지 마십시오.

고해 사제는 고해소에서 그리스도를 대신합니다. 그러므로 고해자는 고해 사제에게 모욕을 끼친 것이 아님을 명심하십시오. 그리고 고해 사제는 여러분이 양 떼로 다시 돌아온 것만으로도 행복합니다. 요즘에도 예전과 같은 방식으로 고해성사를 보는 성당이 많습니다. 그러므로 지난 30년을 깊이 성찰하시고 통회기도를 바친 다음 고해소로 가서 이렇게 말씀하십시오. "신부님, 저를 축복해 주십시오. 저는 죄를 지었습니다. 30년 동안 고해성사를 보지 않았습니다. 신부님께서 이 성사를 통해 어떻게 고백을 해야 할지 모르는 저를 도와주시기 바랍니다." 사제는 몇 가지 질문을 할 것이고 그러면 "예" 또는 "아니요"로 대답하시면 됩니다. 그것으로 사제는 여러분이 올바르게 고백하도록 이끌 것입니다.

✔ 고해성사를 본 지 너무 오래되어서, 그동안 범한 죄를 전부 기억하지 못하거나 수년간 주일 미사를 궐하였거나 오랜 세월 혼인성사 없이 동거 생활을 했다면 고해성사에서 어떻게 고백해야 할까요?

자매님은 죄를 뉘우치고 다시 하느님께 돌아온 사람에게 베풀어지는 지극히 행복한 잔치에 대해 말씀하고 계십니다. 사제는 그토록 오랜 세월 후에 돌아온 자매님의 고해성사를 거행하는 것에 말할 수 없이 기뻐할 것입니다. 사제는 자매님이 "그 세월 동안 미사를 궐했습니다." 또는 "혼인성사 없이 사회혼만 한 상태에서 남편과 30년 동안 함께 살았습니다." 하시면 죄의 특성과 횟수를 판단할 수 있을 것입니다. 그리고 몇 가지 질문을 할 수도 있습니다. 사제는 하느님과 자매님 사이에 놓여 있는 문제들을 해결하는 데 도움을 주고자 하는 것입니다. 말씀드렸듯이 그것은 행복한 잔치이며, 용서를 받는 죄인으로 인해 하늘나라는 기쁨에 넘칠 것입니다. 우리에게 컴퓨터 하드 드라이브처럼 지난 일을 전부 기억해 내는 장치는 없습니다. 중요한 것은 하느님과 다른 사람들과의 관계가 자유롭고 사랑이 넘치는지를 살피는 것입니다. 자주 고해성사를 봄으로써 우리는 영적으로 도움과 지도를 계속 받게 됩니다. 오랜 습관은 버리기 어렵습니다. 그러므로 특별한 주의가 필요합니다. 우리는 그리스도 예수님과 지극히 거룩하신 성삼위와 일치하는 이 축복된 평화의 여정을 계속 걸어갈 수 있게 하는 특별한 용기가 필요합니다(사회혼만 했을 경우에 본당 신부와 자세한 면담을 하여야 한다).

비신자의 고해성사

✔ 가톨릭 신자가 아닌 사람도 고해성사를 볼 수 있는지요? 위중한 상태에 처한 비신자가 고해하기를 원한다면 고해성사를 보고 병자성사를 받을 수 있는지요?

법적으로 말하면, 합당하게 세례를 받은 사람이라면 그리스도께서 제자들에게 세우신 교회에서 세례를 받은 사람으로 성사를 받을 자격이 있습니다. 교회의 일치를 위해서 그리고 성사에 대한 경외심을 표하기 위해 교회법은 비신자에게 성사를 베푸는 것을 금하고 있습니다.

그러나 교회법은 상위법, 즉 자비로움에 따를 것입니다.

죄와 잘못

✔ 합당한 고해성사를 보기 위해 자신에게 어떤 질문을 해야 하는지요?

우선 자신과 사랑하는 하느님과의 관계를 살핍니다. 거룩한 성삼위이신 하느님께서 내 안에, 내 존재의 중심에 계신지를 살피는 것입니다. 그것은 사랑의 관계입니다. '사랑하는 그분을 어떻게 대하고 있는가? 어떤 점에서 하느님과의 소통을 소홀히 했는가? 사랑하는 주님을 거부한 적은 없는가? 주님의 뜻에 어긋나는 내 삶의 일부를 제거하려고 했는가? 예수님을 표양으로 삼고 일상에서 끊임없이 하느님을 닮기 위해 노력하고 있는가? 하느님께서 내 삶에 존재하지 않으신 것처럼 생활한 적은 없는가?' 이런 것들을 죄악이라고 할 수는 없지만, 그것은 하느님을 초대하지 않고 하느님과 나누지 않고 하느님께 자리를 내어 드리지 않는 것입니다.

이것을 기본으로 해서 나에게 가장 큰 문제가 무엇인지를 살핍니다. 최선을 다하려면 무엇이 필요한가? 여기에는 다른 사람들과의 관계도 포함됩니다. 고해성사 때 이런 주요 문제를 고백하면 사제는 하느님, 나 자신, 그리고 다른 사람들과의 관계에서 보다 사랑이 넘치는 실제적인 길로 이끌어 줄 것입니다.

✔ 죄란 무엇인가요? 그것이 죄인지 어떻게 알 수 있나요? 죄와 잘못을 어떻게 구분해서 말할 수 있나요?

참 좋은 질문입니다. 인간은 완전하지 않습니다. 인간 본성은 대단히 복잡하고 현대를 살아가면서 우리는 수많은 분야에서 매사를 완벽하게 처리해야 하는 생활을 하고 있습니다. 잘못을 저지르고, 판단을 잘못하거나 오해하고 말과 행동으로 실수를 하게 됩니다. 뭔가를 잊어버리고 그로 인해 다른 사람에게 상처를 주기도 합니다. 그럴 생각이 아니었는데도 결과는 그렇습니다. 인간의 모든 약점과 잘못이 전부 죄는 아닙니다. 정말 의도하지 않았지만 문제가 일어나면 사과를 해야 할 경우도 있습니다. 그 사과에는 상처를 주거나 폐를 끼칠 마음은 전혀 없었다는 생각이 포함됩니다. 어떤 경우에는 순수한 마음으로 한 일이 상대방을 화나게 할 때도 있습니다. 그럴 경우에는 죄가 되지 않습니다. 정말이지 그럴 생각이 전혀 없었기 때문입니다. 그토록 화나게 했다는 것으로 약간의 죄책감이 있을지라도 그것은 죄가 될 수 없습니다. 상대방이나 자기 자신에게 상처가 되는 어떤 것을 선택했을 때 그것이 죄입니다. 그리고 우리를 위한 하느님의 뜻을 알면서도 그 뜻을 거슬러 우리 뜻대로 할 때 죄가 됩니다.

특별한 경우에 우리가 하느님을 거부하고 있으면 하느님께서는 잘못된 태도를 바꾸어야 한다는 것을 어떻게든 우리에게 알려 주실 것입니다. 삶의 중심에 우리 자신이 아니라 사랑하는 하느님을 모시려고 끊임없이 노력하면 우리는 오로지 하느님을 기쁘게 해드리는 일만 하게 될 것입니다. 죄의 지배를 받지 않게 될 것입니다. 죄는 우리 자신만을 생각하게 만듭니다. 하려는 일이나 하고 있는 어떤 일에 대해 의심이 생기면 비밀을 지켜 줄 믿을 수 있는 친구의 조언을 구하거나 고해성사를 보면서 사제에게 말씀드리는 것이 좋습니다.

✔ 제 양심에 비추어 죄가 아니라고 확신하지만 그것이 교회의 가르침과 다를 경우에는 어떻게 해야 할까요?

그런 상황에서 우리는 몇 가지를 확인할 필요가 있습니다. 먼저 우리 양심이 틀렸거나 분별력에 문제가 있는지 면밀하게 살펴보아야 합니다. 자신의 분별력에 문제가 없다고 확신한다면 그다음으로 자신의 행위에 의문을 가져 보아야 합니다. 교회에는 여러 종류의 교회법 구분이 있으며 입법자의 의지인 하느님의 법을 존재하게 하는 일반 원천으로서 자연법이 규범으로 작용합니다. 자연법은 교회의 본성과 성경, 사도들의 행적, 성전과 교부들의 증언 그리고 교회의 결정에서 그 입법의 해석을 적용해 보고 그 법의 참된 목적을 의식하는 것입니다.

그럼에도 우리는 그것이 현재 상황에 적합하지 않다는 사실을 발견할 수도 있습니다. 그에 앞서 보다 자주 겪는 경우로는 제정된 원래의 입법된 법규를 넘어서 경험으로 알게 된 윤리적 행동인 양심 규범이 있습니다. 그것을 기초로 우리는 윤리적 판단을 내릴 수 있습니다. 중대한 일이라면 사제와 면담을 하거나 그 판단을 정확하게 내려 줄 분별력 있는 사람에게 물어보면 도움을 받을 수 있습니다. 교회 일반법이 우리가 처할 수 있는 개별적 모든 상황을 고려하고 있는 것은 아닙니다. 그러므로 우리는 매우 조심스럽게 판단해야 하며 특수한 상황에서 우리를 사랑하시는 하느님의 뜻이 무엇인지를 알고 도움을 받아야 할 것입니다. 하느님은 우리를 가장 사랑하는 분이시기에 인간의 그런 행동에서 지혜롭고 충실하게 판단하려는 우리의 노력을 아실 것입니다.

고해성사 후에도 남아 있는 죄책감

✔ 고해성사에서 죄를 고백하고 죄 사함을 받은 후에도 죄책감이 남아 있는 이유는 무엇일까요?

하느님의 용서를 받고 그분께서 우리 죄를 전부 용서하시고 잊으셨다는 것을 알면서도 우리는 죄책감을 느낍니다. 정말 이상한 일입니다. 감정은 때로 마음과 다르게 움직입니다. 감정은 하느님을 알지 못하고 하느님과 관련된 것에 대해서도 알지 못합니다. 그러나 감정은 우리를 알고 우리 기분이 좋은지 나쁜지를 압니다. 우리가 자신을 방어할 때를 알고 어떤 위기에서 살아남으려 할 때나 원치 않는 고통을 느낄 때를 압니다. 나쁜 짓을 하려고 하면 감정은 죄책감을 갖기도 하고 그렇지 않기도 합니다. 이 모든 것이 우리의 성장 과정에서 감정이 어떻게 형성되었는가에 달려 있습니다.

잘못된 행동을 하면 우리는 잘못했다는 감정을 느끼게 됩니다. 이는 참 다행스러운 일입니다. 용서를 청하거나 고치겠다는 마음으로 잘못을 바로잡는 데 도움이 됩니다. 우리가 어떤 특별한 잘못을 저지를 때 이런 감정들은 나름의 비망록을 갖는 것 같습니다. 그래서 용서를 받았음에도 죄책감을 느끼게 됩니다.

이럴 경우에 우리의 감정은 치유가 필요합니다. 감정은 용서받은 죄에 대해 자책감이나 슬픔을 표현해야 용서를 받은 것으로 여기는지도 모릅니다. 때로 죄는 현재 상황과 관련해서 뿐만 아니라 과거와 관련된 감정까지 자극합니다. 그것은 과거에 치유가 필요했으나 그냥 넘겼던 감정입니다. 어떤 경우에도 감정에 국한된 일이라는 것을 안 이상 우리는 조심스럽고도 확고한 방법으로 그 감정들을 다룰 수 있으며 대부분의 경우 죄책감은 점차 사라집니다.

고해성사의 규정과 형식

✔ 고해성사를 어디서 어떻게 받아야 한다는 규정이 있는지요?

고해성사는 여러 장소와 시간과 여건에서 거행될 수 있습니다. 성사를 받을 만큼 사적이고 조용한 여건이 된다면 사제와 길을 걸으며 고해성사를 보는 것도 좋은 방법입니다. 여전히 많은 사람들이 선호하듯이 칸막이를 사이에 두고 고백할 수도 있고, 사제와 얼굴을 마주하고 고백할 수도 있습니다. 병원에서도 가능한데, 옆 병상에 다른 환자가 있다면 사제는 고해자에게 죄를 언급하지 말고 단지 통회하는 마음만을 표현하라고 할 것입니다.

✔ 고해성사를 볼 시간이 30분밖에 없고 사람들이 기다리고 있을 때 오랫동안 성사를 보는 것은 이기적인 일일까요?

고해 사제에게 미사 후에나 다른 때 시간을 내줄 수 있는지 물어보십시오. 저는 고해자에게 시간이 있고 또 잠시 기다릴 수 있다면 언제라도 시간을 내겠다고 말합니다. 그렇다고 해도 고해소에서 여러분은 주님과 함께 있는 단 한 사람이므로 주님의 시간을 함께하고 있는 것입니다.

✔ **고해성사를 보면서 이따금 제가 제대로 하고 있는지 의심이 갑니다. 고해소에서 특별히 바쳐야 할 기도문이 있는지요? 어렸을 때 우리는 올바른 형식에 따라 고백을 하면서 기도문을 암송하도록 배웠습니다. 지금은 기억이 나지 않아서 고해성사를 본 후에도 마음이 석연치가 않습니다.**

고해성사의 기본 형식은 변하지 않았습니다. 우선 양심 성찰을 하면서 범한 죄를 살피고(대죄가 아니라도) 통회기도를 바치면서 우리의 모욕을 받으실 수 없는 선하신 하느님께 모욕을 끼친 죄를 뉘우친다는 말씀을 드리십시오. 그리고 다시는 죄를 짓지 않겠다는 확고한 마음으로 하느님의 용서를 청하십시오. 고해소에 들어가 "신부님, 저를 축복해 주십시오. 저는 죄를 지었습니다. 성사를 본 지 ○○개월(또는 ○○년) 되었습니다. 저는 미혼입니다(또는 결혼했습니다). 제가 범한 죄는 …입니다."라고 말하면 됩니다.

사제는 죄를 사한 다음 어떤 기도를 바치라고 하거나 필요하다면 다른 보속을 줄 것입니다. 잘 모르는 기도를 보속으로 주면 여러분이 아는 기도로 대신할 수 있는지 사제에게 물어보십시오.

> ✔ 미사 참례를 하는 것으로 소죄가 용서되는지요? 그렇더라도 고해성사를 해야 하는지요? 한 신부님께 제가 고해성사의 마지막 부분에서 "저의 지난 죄를 뉘우치며 특히…" 하고 말씀드리는데 제 말을 막으시며 과거의 죄를 고백하지 말라고 하셨습니다. 그것이 불경죄가 될 수 있다고 말씀하셨습니다. 고해성사 형식이 제가 옛날에 배운 것과 달라진 것인가요? (저는 예순다섯 살입니다) 많은 것이 변했기에 드리는 말씀입니다.

소죄를 고백하는 형식에 달라진 것은 없습니다. 고백할 대죄가 없다면 고백 형식에 따라 죄 사함을 받기 위한 내용, 즉 지난 죄(죽을죄나 소죄)를 고백해야 합니다. 고백자는 "이 밖에 알아내지 못한 죄도 모두 용서하여 주십시오."라는 말씀으로 고해성사를 마치게 됩니다. 질문하신 내용으로 보아 당시 고해 사제는 형제님의 목소리에서 불안한 기색을 감지하고, 극심한 영적 괴로움인 소심증에 들어서는 것을 경계하기 위해 형제님의 말씀을 막은 것으로 생각됩니다. 그것은 하느님의 자비를 의심하는 잘못을 저지르는 것입니다. 형제님께서 성사의 은총을 받고자 하시는데 고백할 대죄가 없다면 그냥 "고해성사를 본 지 ○○주 또는 ○○달 되었습니다. 지금 고백할 대죄는 없습니다. 그러나 과거에 범한 죄, 특히 4계명 또는 6계명을 거스른 죄를 뉘우칩니다."라고 말씀하십시오. 이렇게 함으로써 형제님이 원하는 만큼 자주 고해성사를 보고 그로 인해 받는 은총이 쌓이는 유익을 얻을 수 있습니다.

✔ 범한 죄를 잊지 않도록 종이에 적어서 고백소로 가지고 들어가도 될까요?

물론 잊지 않으려고 종이에 적어도 아무 문제가 없습니다. 그렇지만 한 가지 주의할 점은 혼자만 아는 기호나 암호를 사용해야 한다는 것입니다. 혹시 그 종이쪽지를 잃어버릴 경우 누군가가 볼 수도 있기 때문입니다.

> ✔ **고해성사에서 반드시 바쳐야 할 기도문이 있습니까? 어렸을 때 배운 것은 기억이 안 납니다. 그래서 고해성사를 보러 가는 게 마음이 편치 않습니다.**

고해성사에는 형식이 있습니다. 그러나 우리는 고해성사가 사제를 통해 그리스도를 만나는 성사라는 사실을 명심해야 합니다. 그러므로 하느님의 아낌없는 자비와 선하심이 넘치는 만남으로, 하느님께서는 우리가 당신께서 원하시는 대로 하루하루를 잘 살아가도록 우리에게 힘을 북돋워 주십니다. 오랜 세월 고해성사를 거행한 사제로서 저는 어떤 고백도 괜찮다는 말씀을 드리고 싶습니다. 단지 고해성사를 본 지 얼마나 되었는지를 말씀하시면 됩니다. 저는 여러분이 고해성사를 하러 그곳에 왔다는 것만 알면 됩니다.

사제를 통한 죄의 용서와 고해의 비밀 준수

✔ 우리가 죄를 범했다는 것을 인정하는 순간 예수님께서 우리를 용서하신다면 왜 우리는 형식적인 용서를 받기 위해 사제에게 가야 합니까?

우리가 범한 죄를 인정하는 것만으로 죄가 사라지는 것은 아닙니다. 우리는 죄를 뉘우쳐야 하며 다시는 죄를 범하지 않겠다는 굳은 결심을 해야 합니다.

하느님은 우리 죄로 인해 모욕을 받으시며, 그분께서는 화해의 조건을 규정하셨습니다. 예수님께서는 부활하신 후 제자들에게 나타나셨을 때 화해의 조건을 이렇게 세우셨습니다. "성령을 받아라. 너희가 누구의 죄든지 용서해 주면 그가 용서를 받을 것이고, 그대로 두면 그대로 남아 있을 것이다."(요한 20,22-23) 예수님의 이 말씀은 고해성사를 의미합니다. 어떤 죄를 범했는지 알지 못한다면 제자들이 어떻게 그 사람을 용서할 수 있겠습니까? 그러므로 먼저 죄를 고백해야 하는 것입니다.

성령을 통해 세례를 받음으로써 우리는 그리스도의 신비적 지체(교회)로 일치하며, 우리의 죄는 우리가 속한 교회 전체에 해가 됩니다. 예수님께서는 교회의 공적 대리인(사제)에게 고백을 해야만 그 죄를 용서받을 것임을 분명히 하셨습니다.

교회는 완전한 통회(뉘우침)만이 죄를 없앤다고 가르칩니다. 그것은 벌을 받는 것이나 지옥에 떨어질 것을 두려워하는 등의 이기적인 이유가 아니라 한없이 선하시고 우리의 범죄로 모욕을 당하셔서는 안 되는 하느님께 모욕을 끼친 것에서 비롯된 우리의 뉘우침을 의미합니다.

✔ **우리가 왜 신부님께 고백을 해야 하는지요? 신부님들도 흠이 있는 분들이 아닌지요?**

서품을 받았다는 이유로 사제의 인간적인 면이 사라지는 것은 아닙니다. 다른 사람들과 마찬가지로 사제도 인간적인 나약함을 지니고 살아갑니다. 사제도 때로 죄를 짓지만, 성품성사로 부여된 권한을 잃지는 않습니다. 그 권한은 유효해서, 미사를 거행하며 빵과 포도주를 그리스도의 몸과 피로 축성할 수 있고 고해성사를 거행하며 죄를 사해 줄 수 있습니다. 그들 역시 다른 신자들과 마찬가지로 자신의 죄를 고백하기 위해 고해성사를 보며 조언을 듣습니다.

우리가 고해성사를 보러 사제에게 가는 것은 그리스도께서 우리 죄를 용서해 줄 것을 사제들에게 명하셨기 때문입니다. "너희가 누구의 죄든지 용서해 주면 그가 용서를 받을 것이고, 그대로 두면 그대로 남아 있을 것이다." (요한 20,22-23) 하느님께서는 죄인이 아니라 용서라고 규정해서 말씀하셨습니다. 우리는 하느님께서 어떻게 우리 죄를 용서하시는지 말할 수 없습니다. 그분께서 그것을 법으로 규정하셨습니다! 고해성사를 보러 가는 마음은 참으로 불편합니다. 그 마음의 과정도 죄 중에 있는 참회의 일부분입니다.

숨어 있는 걸를 고백하다

"그 빛이 어둠 속에서 비치고 있지만 어둠은 그를 깨닫지 못하였다."(요한 1,5)

저에게는 고백할 죄가 한 가지 있습니다. 진심으로 고백해야 할 죄, 진짜 큰 죄, 아주 오랫동안 내 안에 숨어 있었고 깨닫지 못했으며 고백하지 못했고 뉘우치지 못한 아주 큰 죄가 있습니다.

이 죄는 교만, 탐욕, 질투, 음욕, 음주, 절도 등 누구나 일상생활에서 흔히 범하거나 접하는 죄 목록에는 포함되지 않습니다. 이런 죄들은 쉽게 깨달을 수 있고 맞서 싸우기도 쉬운 편입니다. 제가 말하는 죄는 이런 죄들과 다릅니다. 이 죄는 마치 배신자처럼 제 안에서 조용히 기다리고 있다가 뛰쳐나왔다가 저를 끌고 들어가기를 반복합니다.

이제 이 죄는 암세포처럼 제 안에서 자라고 저를 하느님에게서 끌어내리고, 제 곁의 사람들과 저를 끌어내리기도 합니다. 그래서 저는 이 죄를 드러내야만 하고 귀 기울여 들어 주는 사람들 모두에게 공개적으로 고백해야만 합니다. 고백하는 것이 두렵지는 않습니다. 누구나 저처럼 이 죄를 범한 적이 있기 때문입니다. 그것은 바로 '불행하다고 느끼는 죄', 약간은 화가 난 상태에서 반복적으로 불행하다고 느끼는 죄! 바로 이것입니다.

"아니 그게 무슨 죄라고. 불행하다고 느끼는 건 죄가 아니죠! 사람들은 누구나 불행하다고 느낄 때가 있기 마련인데…."

여러분은 이렇게 말하겠지요. 맞습니다. 사람들은 누구나 그렇게 느낄 때가 있습니다. 그런데 그것은 죄입니다. 위험한 죄입니다. 이 죄는 습관이 되고 전염성이 무척 강하기 때문입니다. 게다가 죄라고 진단받지도 않는다는 것이 문제입니다. 이 죄는 마치 감기 같다고 생각합니다. 어느 순간 이런 느낌이 찾아오고, 우리는 그 감정이 사라질 때까지 그냥 참고 기다립니다. 사실 어떻게 해 볼 방법이 없다고 생각합니다.

그러나 이 말들은 전부 거짓말입니다. 대단한 거짓말

의 일부라고나 할까요. 우리는 이 감정을 통제하고 삽니다. 자신이 불행하다고 느끼는 것은 자신에게 일어난 어떤 일 때문이 아닙니다. 어떤 일에 대한 자신의 반응으로 생긴 것이고, 사물을 보는 자신의 방식과 태도에서 생겨난 것입니다. 잔이 '반이나 차 있네.' 또는 '반이나 비었네.' 하는 것처럼 그 감정은 생각의 문제이며, 자신의 감정적 반응을 결정하는 사물을 인식하기 위해 자신이 선택한 방법의 문제입니다. 한 가지 예를 들어 보겠습니다.

"감옥에 갇힌 두 남자가 철창 밖을 내다봅니다. 한 사람은 더러운 진창을, 다른 한 사람은 하늘의 별을 바라봅니다."

몇 년 전, 예수회 요한 파웰 신부님이 쓰신 책을 읽다가 이 오래된 시구를 읽고 깊은 감동을 받았습니다. 책 제목은 「Fully Human Fully Alive」(완전한 인간, 완전한 삶)입니다. 이 책의 기본 전제는 행복이 우리 상황에 의해 결정되는 것이 아니라 그 상황을 받아들이는 개인적 인식에 의해 결정된다는 것입니다. 이 시에서 두 남자는 같은 경험을 나누고 있습니다. 그 경험에 의미를 부여하는 것은 두 사람의 시각입니다.

감옥에 있는 두 사람 모두 결코 즐겁지 않다는 것은

당연합니다. 그러나 한 사람은 자신이 처한 제한된 상황을 뛰어넘어 기뻐할 것을 찾아냅니다. 다른 한 사람은 자신의 괴로운 상황을 다른 모든 사물을 보는 시각에 덧씌워 버렸기 때문에 육신과 마찬가지로 정신까지 감옥에 갇혀 있습니다. 피할 수 없는 고통에서 불행하다는 불필요한 고통까지 더하고 있는 것입니다.

저는 죄를 아주 편협하게 인과응보라는 관점에서 생각해 왔습니다. 죄는 대죄든 소죄든 하느님을 거스르는 것으로, 벌을 받아야 하는 잘못이라고 여겼습니다. 그리고 제 마음속에 이들 잘못을 분류해 놓았습니다. 이런 시각이 전부 잘못되었다고 말하려는 것은 아닙니다. 사실 오늘날과 같은 세상에서는 죄에 대해 더 광범위한 인식이 필요할지도 모릅니다.

제가 말하려는 것은 제 시각이 불완전했다는 것입니다. 저는 대죄, 즉 하느님을 거스르는 큰 잘못을 범하지 않으려고 노력했고 소죄에 대해서는 크게 걱정하지 않았습니다. 죄가 저 자신도 거스르는 잘못이라는 것을 결코 깨닫지 못했습니다. 죄를 '죄악'이라는 보다 넓은 인식 안에서 본 적이 없었습니다. 죄악은 자체적으로 벌을 가하고 저를 무력하게 만들어 바람직한 가능성을 막아 버리는 상태로, 별을 볼 수 있을 때 진창을 보게 만듭니다.

　불행하다는 느낌을 갖는 것이 왜 죄가 될까요? 그것은 모든 죄와 마찬가지로 그 느낌 또한 하느님께 등을 돌리고 자기 자신, 자신의 욕망, 문제, 고통 등에 마음을 두기 때문입니다. 그리고 모든 죄와 마찬가지로 그것은 반발심의 한 형태입니다. 불행하게 느끼는 모든 것을 추적해 보면 그것은 자신이 원하지만 갖지 못하는 어떤 것 때문입니다. 그것은 전부 욕구와 관련이 있습니다. 자기 자신에 대한 기대는 물론, 주변 사람들과 하느님께조차 기대를 갖고 있습니다. 저는 매사 제가 조종할 수 있기를 원합니다. 태양이 빛났으면 좋겠고, 자동차가 달리기를 원하고, 제 시간에 도착하기를 바라고, 사람들이 저를 좋아하기를 희망합니다.

　다시 말해 모든 것이 제 대본에 따라 움직이기를 원합니다. 매 순간 그러기를 원합니다. 이 모든 것이 저 자신에서 비롯된 것입니다. 데레사 성녀는 이렇게 말했습니다. "저 자신을 잊고 나서부터 저는 행복했습니다."

　제가 지닌 또 다른 문제는 괴로움과 슬픔이 같은 것이라고 생각해 왔다는 점입니다. 그러나 이 두 가지는 다릅니다. 괴로움은 피할 수가 없습니다. 우리는 많은 괴로움을 안고 삽니다. 어떤 괴로움은 상처가 됩니다. 괴로움 앞에서는 어떻게 할 수가 없습니다. 할 수 있는 것이라곤 괴로움을 안고 불행하다고 느끼지 않도록, 괴로움이 더 깊어지는 것을 피하는 것입니다.

그러나 저는 거의 그렇게 하지 않습니다. 괴로움으로 불행에 잠겨 있지 않는 유일한 방법은 그것을 받아들이는 것인데, 그렇게 하고 싶지 않습니다. 여기에 제 죄가 있습니다. 대본대로 되지 않을 때 저는 반발합니다. 괴롭고 싶지 않기에 괴로움을 받아들이지 않으려고 거부하고, 그 결과 비참해집니다. 고통을 겪는 것뿐만 아니라 고통 중에 있음을 불행하다고 느끼는 것입니다.

헤르만 헤세의 「싯다르타」에 이런 내용이 있습니다. 고통은 비록 피할 수 없지만 불행하다는 느낌은 피할 수 있다고 아주 힘 있게 주장합니다. 싯다르타는 엄청난 고통의 시간을 겪고 있지만 그것을 받아들임으로써 성장했고 참으로 큰 슬픔 가운데서도 내면의 평화를 유지할 수 있었습니다. 지혜로운 그의 친구가 그를 보며 말합니다. "그런 고통을 겪고도… 자네 마음에 슬픔이 들어오지 않았다는 것이 보이네."

그리스도인이 된다는 것은 바로 그런 것입니다. 마음

에 기쁨을 지니고 아무리 나쁜 것일지라도 하느님께서 당신을 사랑하는 사람들을 위해 모든 것을 좋게 해 주시리라고 굳게 믿는 것입니다. 바오로 성인은 이렇게 권고합니다.

(주님 안에서) "언제나 기뻐하십시오. 모든 일에 감사하십시오."(1테살 5,16.18)

얼마나 힘 있는 가르침입니까! 언제나 기뻐하십시오. 모든 일에 감사하십시오. 좋은 것에만 감사하지 말고 고통, 괴로움, 실패, 비극처럼 나쁜 것에도 감사하십시오. 이 말씀이 우리에게 가르치는 것은 행복이란 감정이 아닙니다. 그것은 선택하는 태도로, 믿음에서 나오는 내면의 평화입니다. 기쁨은 슬픔이 없는 상태가 아닙니다. 그것은 하느님의 현존입니다. 우리가 자신의 내면 깊이 하느님께서 들어오시도록 그분의 현존을 허락한다면 엄청난 고통 중에도 우리는 행복할 것입니다.

그런데 우리가 정말 그렇게 할 수 있을까요? 아니면 이것은 비현실적이고 실현할 수 없는 이론일까요? 「죽음의 수용소에서」라는 책에서 저자 빅터 프랭클은 아우슈비츠 수용소에서 자신과 동료를 관찰하면서 얻은 결론을 이야기합니다. 그는 죽음의 수용소라는 같은 환경에서 어떤 사람은 동물처럼 변하고 어떤 사람은 인간의 존엄성을 유지하며 어떤 사람은 기꺼이 순교자가 되는 것을 보았습니다.

"수용소에서 살아남은 우리는 천막을 돌아다니며 사람들을 위로하고 가지고 있던 마지막 빵을 나눠 주었던 이들을 기억합니다. 그런 사람들이 소수에 불과했는지는 모르지만, 인간에게서 모든 것을 빼앗아 갈 수는 있지만 인간의 여러 자유 가운데 마지막 자유, 즉 주어진 상황에서도 자신의 태도를 선택하는 자유, 자신만의 길을 선택하는 자유는 빼앗을 수 없다는 것을 그들은 충분히 증명했습니다."

그러므로 저는 이렇게 고백하고 결심합니다. "네, 저는 죄를 범했습니다. 하지만 그것 때문에 불행에 빠지지는 않을 것입니다. 그것이 아무리 깊은 어둠일지라도 저는 하느님을 믿고 밖을 내다보면서 별을 보기 시작할 것입니다."

비니 플린*

---

* A Confession of Hidden Sin © Congregation of Marians of the Immaculate Conception, Stockbridge, MA 01263.

MEMO